# LE PLÉBISCITE IMPERIAL

**PARIS.** — IMPRIMERIE A.-E. ROCHETTE
72-80. boulevard Montparnasse, 72-80

# LE PLÉBISCITE

## IMPÉRIAL

### PAR

# A. ROGEARD

Auteur des *Propos de Labienus*

DÉPOT

## CHEZ L'AUTEUR

43, rue Madame, 43

EN VENTE

## CHEZ TOUS LES LIBRAIRES

1870

# LE PLÉBISCITE

## IMPÉRIAL

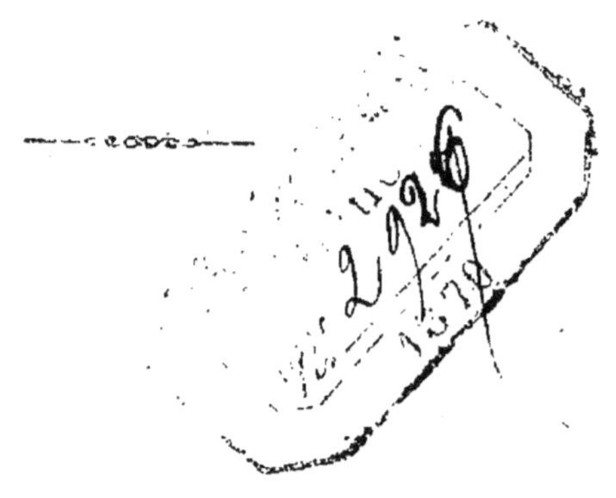

De tous les expédients auxquels ont recours les
monarchies en détresse le plus curieux, c'est l'appel
au peuple ; de tous les bons tours que les princes ont
coutume de jouer à leurs sujets, le plus prodigieux,
c'est le tour du plébiscite. Etant donné un peuple qui
s'est laissé ravir sa souveraineté, il s'agit de lui faire
croire et même de lui faire dire qu'il l'a encore ; si
étonnant que puisse sembler ce résultat, il paraît
qu'on y arrive, en opérant délicatement ; mais ce
n'est encore là que la première partie du tour, on
passe ensuite à la seconde, et quand le bon peuple

est bien persuadé qu'il a sa souveraineté, on pousse un autre ressort, et au moyen d'un mécanisme secret, on amène tout doucement le peuple automate à dire qu'il voudrait bien donner cette souveraineté qu'il n'a pas, et trouver, pour la prendre, un homme de bonne volonté. A ce moment celui qui la lui a ravie, vingt ans auparavant, et qui craignait d'être forcé de la rendre, peut se rassurer et la garder : c'est ce qu'il fait. L'opération ne réussit pas toujours ; il y faut, selon les temps, une grande vigueur de poigne ou une grande légèreté de main ; il faut répandre l'or toujours et le sang quelquefois ; il y a donc un art pour les princes de traiter la matière plébiscitaire ; voyons s'il n'y a pas, pour les peuples, quelques moyens de se défendre contre les plébiscites des princes.

Un plébiscite est une loi votée par le peuple entier ; il y a deux sortes de plébiscites : ceux des monarchies et ceux des républiques, les vrais et les faux ; les uns organes légitimes de la volonté populaire, les autres artifices coupables du machiavélisme monarchique. Celui qui nous menace appartient à l'arsenal des instruments de règne ; il ne remplit aucune des conditions d'un plébiscite régulier ; il n'émane pas du vrai souverain qui, seul, a le pouvoir constituant, comme tous les pouvoirs ; il est vicié et invalidé dans son origine, dans son fond et dans sa forme ; il émane vous savez d'où, et de qui, et pourquoi. O plébiscite ! dis-moi d'où tu viens, et je te dirai ce que tu vaux ! Je me méfie des empereurs, même quand ils lancent un plébiscite.

Il serait intéressant de savoir si cet acte gou-

·vernemental est un piége, et si le suffrage univer-
·sel est une bête, capable de s'y faire prendre.
C'est ce que je voudrais examiner avec le lecteur.
Pour cela, il est nécessaire de remonter un peu
plus haut, et d'observer un instant dans leur
ensemble et dans leur relation, les deux dernières
évolutions de cet empire si incroyablement évolu-
tionnaire ; on se convaincra facilement que le 8 mai
ne sera et ne peut être, comme le 24 novembre,
comme le 19 janvier et comme le 2 janvier, qu'un
·-expédient de préservation dynastique. De même que
la rapide Atalante, suivie de près, dans le stade, par
ses concurrents, laissait tomber, en courant, des
pommes d'or, pour ralentir leur course ; de même
qu'un voleur serré de près par les sergents, laisse
tomber, une à une, toutes les pièces de son butin, pour
retarder la poursuite ; de même l'Empire, tout
chargé de nos dépouilles, fuit, depuis dix ans, devant
la justice populaire ; et chaque fois qu'elle va mettre
la main sur lui, il laisse tomber, pour l'apaiser,
quelque fragment des droits qu'il nous a pris. J'ignore
si le gouvernement a jamais cru à la chimère de
l'empire libéral, mais j'estime qu'aujourd'hui, non-
seulement il n'y croit plus, mais qu'il renonce
même à nous y faire croire ; c'est en quoi l'évolution
plébiscitaire, qui est un retour offensif du fuyard, dif-
fère de l'évolution constitutionnelle et des précé-
dentes, qui étaient marquées par des restitutions.

Depuis le coup de vent de 69, la barque de César
a perdu mâture et gouvernail ; elle vogue à la dé-
rive, fait eau, de tous les côtés, et menace à tout ins-

tant de chavirer et de sombrer avec sa fortune. Depuis dix mois la foule contemple ce long naufrage, et se rassemble chaque matin sur le rivage pour mesurer le progrès de la vague et la part de la tempête ; et ce spectacle paraît réjouir les spectateurs ; car ce naufragé était un corsaire, et son vaisseau était maudit. On voit la mer monter furieuse autour de lui, et on trouve que c'est la mer qui a raison.

Mais voici que, depuis trois mois, nous assistons à une tentative de sauvetage qui, certes, ne peut sauver ni l'homme ni la barque, mais qui peut les maintenir à flot quelques jours de plus : ce qu'il importe d'empêcher.

Dans la lutte d'une monarchie contre une nation ; il n'arrive pas toujours que la nation succombe ; il peut arriver aussi qu'elle résiste avec quelque avantage, qu'elle resaisisse une part de son bien, et s'avise de réclamer l'autre, avec des *arguments* qui mettent en péril l'existence même de la monarchie ; c'est alors qu'il s'agit pour l'usurpateur, non pas de restituer, mais de faire croire qu'il restitue. Je suis le premier à reconnaître que ce moment là est critique ; c'est le quart d'heure de Rabelais des têtes couronnées ; le peuple est un créancier incommode ; si on ne peut pas le tuer, ce qui serait mieux, il faut tâcher de l'endormir, ce qui n'est pas mal ; c'est dans ce but, qu'on a inventé, à l'usage des monarchies en détresse, un appareil de sauvetage qu'on a appelé, selon les temps et les points de vue : constitution, charte, acte additionnel, réforme, libertés octroyées, enfin empire libéral, ou comme qui dirait : despotisme modéré, absolutisme tempéré, tyrannie édulcorée et chassepotisme intermittent. Cet appareil n'est ni ingénieux ni nouveau, et n'a jamais réussi à sauver une royauté ; c'est l'avant-dernière raison de ceux dont le canon est la dernière ; c'est un expédient politique, un remède héroïque, une ressource suprême et désespérée, la grande malice des pouvoirs périclitants, la grosse finesse des Gribouilles assis sur des trônes vacillants ; profonde pensée qui peut se traduire ainsi : nous sommes extraordinairement bon prince, et nous possédons l'art de rendre nos sujets extraordinairement heureux ; nous leur avons tout pris ; rendons-leur quelque chose ; cela leur fera plaisir.

Oh ! la belle tactique ! c'est pourtant cela qu'on a appelé un grand système, le meilleur des systèmes, et même la meilleure des républiques ; ce n'est qu'un système de défense, système dangereux et d'une application difficile ; il faut des concessions, pas trop n'en faut ; il s'agit d'accorder assez pour désarmer l'opinion, pas assez pour armer la résistance ; c'est là que l'auteur du 19 janvier se trouve embarrassé. Il lui faut mesurer mathématiquement la dose infinitésimale de liberté constitutionnelle compatible avec l'existence de l'Empire, peser minutieusement le globule, le grain, l'atôme de justice qu'on peut lui administrer sans danger ; proportionner l'énergie du remède à la faiblesse du patient ; quand le malade est si bas, la cure est délicate ; docteurs, prudents docteurs, versez, d'une main légère, votre élixir libéral ; un miracle de précision peut seul sauver votre homme ; songez que vous répondez d'une tête si chère ; approchez de sa lèvre le terrible et salutaire breuvage, mais pas de maladresse ! s'il n'en boit pas assez, il meurt de son mal ; et s'il en boit trop, il meurt de votre remède ; et alors les empiriques du despotisme seront aussi étonnés que les petites filles de Pélias, quand elles eurent essayé de rajeunir leur grand-père, en lui coupant la tête.

La liberté, — la vraie, s'entend, — ne guérit pas les monarchies ; elle les tue, pour guérir les peuples ; les monarchies de leur côté le savent bien, et n'ont pas de plus chère pensée que celle d'étrangler la liberté. Nous pouvons donc être assurés que, quand le ministère Ollivier-Lebœuf nous parle de liberté, c'est seulement pour rire, et dans la louable intention de nous amuser, et de s'amuser lui-même.

Loin de moi toutefois, la coupable pensée de nier ou d'amoindrir les conquêtes de la *Révolution pacifique* du 2 janvier ; ces grands résultats, je les vois, je les reconnais, je les proclame : on amnistie deux condamnés politiques déjà amnistiés il y a dix ans, et on nous apprend que, si la première amnistie est restée sans effet, pendant dix ans, il ne faut pas accuser de ce léger retard la mauvaise volonté de l'Exécutif, mais seulement l'ignorance crasse des hommes chargés, par lui, d'interpréter et d'appliquer la loi. On ne condamne plus qu'une douzaine d'écrivains par mois et seulement à six mois de prison et 300 francs d'amende, pour chaque délit ; tant pis pour celui qui cumule trois condamnations et se voit forcé d'aller chercher ailleurs la liberté de la presse. On n'arrête jamais, à la sortie des séances, les présidents des réunions, quand ils sont protégés par une foule indignée ; on se contente de les arrêter chez eux ; tant pis pour celui qui se voit contraint d'aller chercher ailleurs le droit de réunion, l'inviolabilité du domicile et les principes de 89. Au demeurant, il nous faut bien reconnaître que l'empire libéral ne compte encore que deux ou trois proscrits, et cela, après trois mois d'existence, c'est-à-dire à un âge où son grand frère en comptait davantage ; ce sont là des bienfaits. Ce n'est pas tout encore ; les juges de paix seront nommés par l'arbitraire des présidents, au lieu d'être nommés par l'arbitraire des préfets ; et les procès de presse seront portés devant le jury, c'est-à-dire que la pensée aura des juges *triés* par l'autorité, au lieu d'avoir des juges *choisis* par le pouvoir ; évidemment le juge *choisi* ne valait rien, l'empire libéral le repousse avec mépris ; c'était bon, tout au plus, pour l'empire autoritaire ; mais parlez-moi du juge *trié*, voilà ce qui convient à l'ère nouvelle ; *choisi*, fi donc ! *trié*, à la bonne heure ! *trié*, entendez-vous ? journaliste, entends-tu ? Ce mot-là renferme plus de justice qu'il n'est gros ; celui qui n'est pas content est indigne de son bonheur ; les grandes pensées du règne dépassent son entendement, c'est en vain que l'idée napoléonienne lui prodigue ses charmes : l'empire libéral n'est pas fait pour lui.

Mais nous ne sommes pas au bout des concessions impériales ; le Ministère nous comble et veut nous accabler ; il ne se lasse pas de donner ; il n'est rien tel

qu'un empire, quand il se met en train ; chaque jour
le Ministère libéral nous verse un petit à-compte ;
il n'est après tout que le syndic d'une faillite, et il ne
peut donner que ce qu'il a dans sa caisse ; et ce peu, il
le donnera avec grâce, et même avec empressement,
pour obtenir un concordat, et pour éviter le bruit, le
scandale, et surtout la contrainte par corps, dont il
veut à tout prix préserver son client. Aussi quel
redresseur de torts ! et quel payeur d'arriéré ! plus
de priviléges, plus d'abus, plus de crimes impunis.
Victimes du pouvoir personnel, si vous vivez, levez-
vous et parlez ! aujourd'hui l'Empire paie ses dettes,
règle ses comptes, liquide son passé et répare, en un
jour, vingt ans d'iniquités ; il a changé sa méthode et
retourné sa politique, il s'est amendé, corrigé, repenti
et converti ; il est devenu sociable, débonnaire et bon
enfant ; il veut fraterniser avec la vile multitude et
se réconcilier avec les irréconciables ; il a mis sa couronne sur l'oreille, pour chanter la Marseillaise ; il
tolère la presse, il tolère les réunions, il tolère la
vérité, il tolère l'honnêteté ; il fera le contraire de ce
qu'il a fait, pour être plus sûr de bien faire ; il n'a plus
qu'une passion, la justice ; qu'un amour, la liberté ;
c'est le Ministère qui le dit. Et ce grand Ministère
ne se contente pas de parler ; il agit et quels actes !
j'en ai cité d'éclatants, en voici d'autres qui les
valent. On a poursuivi, accusé et traduit en Haute-
Cour un prince assassin, ce qui ne s'était jamais fait
depuis tantôt vingt ans ; un peu plus, et j'ai vu le
moment où on allait, Dieu me pardonne ! le juger pour
tout de bon ; et il y a mieux encore, on a failli pour-

suivre également un autre prince de la même famille qui n'a commis vraiment qu'une peccadille, un rien, moins que rien, et qui n'a fait d'autre mal que de bâtonner quoi? un manant; et quel manant? un créancier; et encore avec les formes les plus prudentes, les précautions les plus sages, en se faisant noblement assister par ses laquais, afin d'éviter l'inconvenance d'une lutte et l'incongruité d'une résistance. On n'a pas songé, il est vrai, à poursuivre les laquais; et prince, manant, laquais et magistrats, bâtonnants et bâtonnés, justiciers et justiciables, ont fini par s'accorder, s'entendre et s'embrasser, sans dire pourquoi, ni comment, et à huis-clos.

Mais il faut considérer que l'empire libéral s'essaie à la justice, et qu'on ne doit pas trop demander à un débutant. Ce que j'admire dans cet ingénieux Ministère, c'est qu'il s'entend à fonder l'ordre, comme à fonder la liberté; qu'il se montre aussi apte à l'une de ces deux tâches qu'à l'autre, aussi propre à la première qu'à la seconde, et toujours, et en tout, parfaitement égal à lui-même. Désormais on n'aura plus besoin que de 100,000 soldats pour surveiller un enterrement; et de 4,000, pour surveiller une grève, protéger les transactions entre les ouvriers et leurs patrons, et faciliter l'application de la loi sur les coalitions.

Dans l'administration, le libéralisme ministériel ne fait sentir encore que ses premiers effets; mais quels effets!

La préfecture de Paris passe d'Haussmann à Che-

vreau, ce qui doit nous causer autant de joie, tout
juste, que si la même préfecture fût passée de Chevreau
à Haussmann. Trois ministères nouveaux sont fondés,
ce qui fera nécessairement trois heureux de plus, en
France, et diminuera d'autant le nombre des mécon-
tents. Nous n'avons pas encore l'élection des maires
par les conseils municipaux, ni même partout l'é-
lection des conseils; mais, nous avons Odilon Barrot
qui a déclaré qu'il avait étudié, quarante ans, la question, et qu'il ne désespérait pas, d'ici à quelque temps,
d'en entrevoir vaguement la solution. Nous avons
des commissions parlementaires et extraparlemen-
taires, pour étudier toutes les choses connaissables et
plusieurs autres encore ; nous avons des chefs et des
sous-chefs qui, tous, commandent à quelqu'un, et des
directeurs et des sous-directeurs qui, tous, dirigent
quelque chose, et si la France n'est pas bien servie,
ce ne sera pas faute de serviteurs, anciens ou nouveaux, payés, galonnés, et décorés. Nous possédons
M. Thiers et nous espérons M. Em. de Girardin. Déjà
Philis nous est donné, et Darimon nous sera bientôt
rendu ; ces résultats sont beaux, ces conquêtes sont
belles ; M. Duvernois lui-même n'aurait pas fait plus
grand, et l'homme de confiance de la République
marche aujourd'hui l'égal du confident de l'Empire.
La France doit être heureuse et fière ; un doux libéralisme inonde tous les cœurs. Aimez-vous les Orléa-
nistes ? on en a mis partout ; là où l'on n'en aurait
pas mis, ils se mettraient d'eux-mêmes ; il semble
que l'orléanisme ne soit revenu sur l'eau que pour
sauver le bonapartisme, ou sombrer avec lui. Chaque

vague qui vient battre le vaisseau de l'État y dépose un guizotin ; jamais, navire en détresse et cherchant sa route au milieu des écueils, ne trouva tout à coup tant de pilotes de bonne volonté ; ils encombrent son pont, ils assiégent ses flancs, grimpent dans sa mâture, perchent dans ses cordages : leur voix couvre la voix du capitaine qui commence à s'effrayer de l'excès de leur zèle ; il se demande si ces gens-là sont ses sauveurs, ou ses vainqueurs ; et tremble en se rappelant que lui aussi les a déjà sauvés autrefois ; de temps en temps il saisit un ou deux de ces sauveurs suspects, et les jette par dessus bord : c'est pourquoi, de loin, la scène est un peu confuse ; on ne sait trop si c'est un sauvetage ou un abordage ou un double naufrage.

Avec tout cela, l'Empire n'était pas sauvé, ni même consolidé ; la tentative de transformation constitutionnelle avait échoué. Depuis trois mois d'existence, l'Empire orléaniste se traînait de crise en crise ; l'enfant venait mal et paraissait à peine viable, il fallait aviser. Aux grands maux, les grands remèdes ! Le peuple français ne voulant point se laisser séduire par la douce voix des sirènes du libéralisme, et faisant mine de vouloir en finir avec la comédie des demi-concessions et des concessions apparentes, on résolut de reprendre la glorieuse tradition bonapartiste, d'en revenir aux moyens héroïques des grands jours de 51 t 52, et de s'en tirer par un coup d'Etat pacifique, par un plébiscite césarien. Malheureusement un tel plébiscite n'est qu'un engin d'oppression renouvelé d'' Bas-Empire, et n'a d'un vrai plébiscite que le nom.

Il est d'avance frappé de nullité, et ne remplit aucune des conditions normales d'un acte législatif.

Pendant que certains spectateurs, plus ou moins officiels, admirent ce coup de théâtre et ce changement à vue, se laissent prendre à l'illusion du décor, et suivent, d'un œil émerveillé, les exercices de haute voltige de l'acrobate couronné et les sauts périlleux de la politique impériale, claqueurs ordinaires de la tragicomédie césarienne, amoureux de spectacles néroniens, s'y gaudissant, ébattant et pâmant d'aise, trépignant de joie et exultant, ainsi que Romains en cirque, essayons, nous, de faire entendre un avis utile, de prémunir les gens contre toute surprise, et de diminuer le nombre des dupes et des victimes égarées par le prestige de la parade, entraînées par par l'éloquence du boniment, et prêtes à *suivre le monde*, à la voix du duc d'Albufera !

Ce plébiscite n'est qu'un coup d'Etat perfectionné; il s'agit, pour la troisième fois, de sanctionner la dictature, au moins en apparence. Ne trouve pas une sanction qui veut, même par la force; ce qui est rare surtout, c'est une sanction qui ne fasse pas rire; celle d'un sacre avait manqué; celle d'un mariage princier avait manqué; celle de la gloire avait manqué; on n'avait pu se procurer que celle d'un plébiscite d'absolution; aujourd'hui l'empereur veut encore une fois être sanctionné et absous; cet homme a la rage de se faire absoudre, il ne se trouve jamais absous suffisamment. On dirait qu'il a toujours quelque chose qui lui pèse sur la conscience, et qu'il n'a pas encore tout avoué;

on n'a jamais vu telle ferveur de pénitent et telle longueur de confession ; et c'est encore dans l'eau lustrale d'un plébiscite qu'il espère débarbouiller sa gloire et nettoyer son innocence ; il veut finir comme il a commencé, par une parodie du suffrage ! c'est ce qu'il appelle être fidèle à son origine.

Les causes de nullité du vote plébiscitaire sont nombreuses. Elles sont de trois sortes ; elles comprennent d'abord les causes de nullité du vote électoral ; puis, en plus, les causes tirées de l'intention, de l'origine et du texte même du plébiscite, enfin celles tirées de l'irrégularité de la procédure plébiscitaire, et des nouvelles fraudes et manœuvres inventées pour la circonstance. J'ai longuement énuméré ailleurs les causes de nullité du vote électoral, sous l'empire ; nous les retrouvons naturellement dans le vote plébiscitaire. Je rappellerai les principales qui sont : l'insuffisance de l'instruction primaire, la privation de toutes les libertés (de presse, de tribune, de réunion, de meeting, de manifestation, d'association, de coalition, de librairie, d'imprimerie, d'affichage, de colportage etc...); la centralisation et la privation de liberté départementale, cantonnale et communale ; la pression administrative sous toutes ses formes, qui sont innombrables ; le fonctionnarisme à outrance et la substitution, presque partout, du principe de la nomination à celui de l'élection, dans l'investiture des pouvoirs publics ; les candidatures officielles et le serment à l'empereur; (notez que, dans l'espèce, le candidat officiel est l'empereur lui-même qui se présente aux électeurs, armé de la force collective de l'Etat, et demande au peuple souverain le vote ou la vie). Citons encore, parmi les causes de nullité du vote tant plébiscitaire qu'électoral, le rétablissement, par l'empire, de la féodalité agricole, industrielle, commerciale, financière et monacale, qui crée, de tous côtés, de puissantes succursales aux officines ministérielles de manipulation électorale ; le tout mis en œuvre, en branle et en fonction par l'activité dévorante de son Excellence qui ne tend à rien de moins qu'à dévorer le suffrage universel. Citons aussi l'immixtion des juges de paix, gendarmes et gardes champêtres ; des receveurs, trésoriers, directeurs de postes et télégraphes ; des recteurs, des instituteurs, et des curés ; des agents de l'assistance publique, recruteurs et raccoleurs de la mendicité, et des *missi domini* de toute qualité ; citons en outre la présence trop tutélaire de la police, les arrestations, sequestrations et préventions arbitraires ; citons enfin, et pour abréger, le fameux article 75, qui communique aux gens du roi l'inviolabilité royale, et aux gens du guet l'infaillibilité papale ; article mirifique, article vénérable, article adorable, qu'on peut appeler le Palladium de la citadelle monarchienne et le vrai couronnement de l'édifice autoritaire. Ce sont-là des causes permanentes de nullité, et il y en y d'autres. Concluons donc que si le Suffrage Universel, né de la République, n'a pas encore péri étouffé par l'Empire, c'est qu'il a la vie dure ; mais avouons au moins qu'il ne se porte pas bien, et craignons, pour sa faiblesse et son innocence, les brutalités et les perfidies du régime impérial ; et si le vote légal nous paraît, à bon droit, suspect, conseillons-lui le vote révolutionnaire qu'il ne se contente pas de nier l'empire libéral, qu'il nie l'empire tout entier, et qu'il s'affirme lui-même, ou qu'il s'abstienne!

Aux causes permanentes qui pervertissent tout vote, en temps d'Empire, ajoutez celles qui corrompent le vote plébiscitaire ; en voici deux : la faculté pour chaque électeur de voter hors de sa circonscription et l'obligation de laisser sa carte aux mains du bureau qui doit la brûler, — nouveauté dont l'intention a au moins le défaut de n'être pas claire, — la seconde nouveauté est le vote de l'armée en garnison ; ainsi le soldat, exclus du vote électoral, est admis au vote plébiscitaire dont l'importance est infiniment plus grande, et cela, sans avoir le droit d'éclairer son vote en assistant aux réunions. Ce qui me plaît dans cette nouveauté, c'est que l'intention en est claire.

Aux fraudes et manœuvres qui remplissent d'ordinaire une période électorale, ajoutez celles d'un nouveau genre, qui distinguent dès à présent la période plébiscitaire et sur lesquelles nous nous permettrons de hasarder quelques questions : Pourquoi a-t-on refusé de régler, par une loi, la procédure plébiscitaire et même de discuter le projet déposé, à cet effet, par le citoyen Gambetta ? Pourquoi 10 jours seulement de libre discussion, pour savoir si nous devons garder un empereur, et quel empereur ! quand 21 jours nous suffisent à peine pour savoir si nous devons nous débarrasser du plus arcadien de nos députés ? Est-ce parce que la première question a paru plus facile à résoudre que la seconde ? Croit-on qu'elle ne vaut pas la peine d'y songer plus longtemps ? Je n'ose m'arrêter à cette pensée ; dans tous les cas 10 jours, c'est trop ou trop peu ; c'est trop pour ceux qui savent et trop peu pour ceux qui ne savent pas.

Pourquoi la Chambre s'est-elle prorogée ? Pourquoi les commissions permanentes se sont-elles ajournées ? Pourquoi le Législatif cesse-t-il de surveiller l'Exécutif, au moment même où celui-ci se démène, s'agite et se trémousse, avec une furie d'action bien digne pourtant d'attirer l'attention de ses surveillants ? pourquoi le ministre de la justice (de Tours) recommande-t-il à ses agents de ne pas écrire, et de se contenter d'instructions verbales ? Pourquoi tient-on suspendue, sur la tête du pape, la menace d'un Mémorandum ? A quel prix le chanoine de Saint-Jean de Latran offre-t-il de reconnaître l'infaillibilité de son évêque ; à quel prix l'évêque de Rome reconnaîtra-t-il l'hérédité de son chanoine ? Qu'est-ce encore là que ce trafic ? Est-ce encore nous qui le paierons ? Pourquoi annonce-t-on que l'empereur travaille à une suite de son livre sur *l'extinction du paupérisme ?* Pourquoi les bulletins du comité central des *oui*, sont-ils fabriqués par l'imprimerie impériale sur un papier spécial, unique, facilement reconnaissable ? Pourquoi la faculté d'ouvrir le scrutin avant 6 heures est-elle laissée aux maires ?

Mais dira M. Dumiral : « Nous vivons sous un prince ennemi de la fraude. » Cela ne fait rien, citoyen Dumiral, méfiez-vous des votes trempés dans une soupière ; méfiez-vous du zèle des maires cuisinant le suffrage ; vous préserve le ciel du miracle de la multiplication des bulletins ! gardez surtout que leur nombre ne dépasse celui des votants, comme cela s'est vu, aux mauvais jours de notre histoire. Détournez des lèvres du souverain plébiscitant le calice ènivrant des rastels. Il faut, autant que possible communier et plébisciter à jeun. Craignez les additions de *oui* et les soustractions de *non* : Redoutez l'intervention nocturne des instituteurs et la perfide complicité des veaux ; ayez l'œil sur cet édile qui, pour fouiller une urne, perçait une muraille ; il doit être encore là. Tripotez, M. le président, mais ayez quelque pudeur ; fraudez-nous, sans scandale, et volez-nous, sans bruit ; l'empereur aime les dépouillements silencieux.

Le peuple est fait pour être mystifié, d'accord, mais encore faut-il y mettre des formes ; il faut falsifier avec art et frelater selon la formule ; il n'est pas donné à tout le monde de machiner le scrutin, de faire sauter le bulletin et d'escamoter le vote ; il ne suffit pas d'avoir le bras long, le doigt fin, et la conscience large, il faut posséder à fond la théorie du vote à haute pression, toute la technique de la manipulation plébiscitaire, et toutes les délicatesses de la prestidigitation électorale ; il faut savoir mentir avec réserve, promettre avec prudence, menacer avec discrétion, intimider avec mesure et corrompre avec circonspection ; il faut distiller goutte à goutte sur la matière électorale, pour l'en saturer insensiblement, la rosée empoisonnée de la propagande napoléonienne. Ce sont là des dons précieux et rares, et que la Providence n'accorde pas toujours à un ministre, même parlementaire. Méfiez-vous donc, citoyen Dumiral, des faussaires électoraux ; leur zèle maladroit vous compromettrait, vous et votre maître ; et César ne doit pas plus que son épouse, être soupçonné.

Si nous passons à l'examen du plébiscite en lui-même, si nous considérons son origine et sa fin, son fond et sa forme, son ambiguïté calculée et son obscurité voulue, nous y trouverons autant de causes de nullité qu'il y a de mots dans son texte. Nous verrons que la réponse légale participera fatalement de l'obscurité de la demande, que le *non* lui-même dont l'intention est sans doute irréprochable, et dont les partisans sont, pour la plupart, nos amis, laisse encore à la mauvaise foi, une certaine latitude d'interprétation, et que, par conséquent, le vote légal, même négatif, en dépit du votant, a l'inconvénient de paraître renfermer implicitement la reconnaissance de l'Empire, l'acceptation de la question plébiscitaire, et la soumission au vote de la majorité : sentiments contre lesquels les votants du *non* protestent, sans doute, dans leur cœur et devraient, selon nous, protester aussi par leur vote. Le *non* est notre allié, le *non* est notre ami ; mais c'est, selon nous, un vote révolutionnaire incorrect, auquel nous croyons devoir préférer le bulletin inconstitutionnel, le bulletin blanc, ou l'abstention pure.

Pour nous le plébiscite est un coup d'Etat électoral qui nous impose le devoir de protester et nous en fournit, en même temps, l'occasion et le moyen.

Un plébiscite vrai est un projet de loi formulant

un vœu populaire, émané de l'initiative populaire,
et présenté à la sanction populaire, par une commis-
sion populaire, élue à cet effet ; le plébiscite actuel
formule un vœu de l'empereur, émane de l'initiative
de l'empereur, et est présenté par l'empereur, à la manipulation des fonctionnaires nommés par l'empereur.
Tel qu'il est, ce plébiscite incomparable est donc tout
justement le contraire de ce qu'il devrait être ; c'est
un plébiscite à l'envers, de même que l'empire est un
gouvernement sens dessus-dessous. Il est juste de dire
que le monstre, (je parle du plébiscite), est fatalement
puni par où il a péché, par la pression administrative ;
puisque les voix des fonctionnaires et des soldats,
sont moralement et politiquement nulles, n'étant pas
libres ; c'est-à-dire que le plus simple bon sens comme
la plus élémentaire équité commande de défalquer, du
compte du gouvernement, tous les *oui* extorqués, par
lui, à ses fonctionnaires, ou par ses fonctionnaires, au
pauvre monde ; ces *oui* étant évidemment de mauvaise qualité, des *oui* neutres, incolores, et amorphes ;
et sans aucune valeur plébiscitaire ; c'est donc un bon
petit million de voix que tu perds par ta faute, ô plébiscite ; en quoi tu me parais presque aussi sot que
coupable, ce qui n'est pas peu dire ; car si tu t'attri-
bues, légalement et numériquement, ces votes de con-
trebande, qui moralement et politiquement sont nuls
et non avenus ; si tu portes à ton actif et empiles dans
ta caisse toute cette fausse monnaie électorale, tu
peux être parfaitement sûr que ce bien mal acquis ne
te profitera guère.

Une autre cause atténuera singulièrement la **valeur**

des *oui* que l'Empire libéral sollicite ; il se débat misérablement dans la fiction contradictoire où lui-même il s'est enfermé. Il dit à la nation : Autrefois j'étais autoritaire, et vous m'avez approuvé; aujourd'hui je suis libéral, approuvez-moi encore ; vous avez dit noir et vous allez dire blanc, et ce sera toujours bien dit, pourvu que vous disiez comme moi.

Mais les choses sont plus logiques que les hommes, et la contradiction n'est qu'apparente ; au fond, l'Empire et la nation veulent toujours la même chose, et n'ont changé ni l'un ni l'autre : l'un veut toujours l'autorité, l'autre veut toujours la liberté; l'Empire fut, demeure et sera toujours autoritaire ; et la nation n'a pas cessé un seul instant de revendiquer son droit. La seule différence, entre les deux époques, est dans l'énergie plus grande de cette revendication qui aujourd'hui impose à l'Empire une attitude moins fière, le force à demander grâce, et le réduit aux concessions apparentes, aux promesses menteuses et à l'hypocrisie de la liberté. Ainsi déguisé, l'Empire espère enchaîner de nouveau la nation par un plébiciste, lui extorquer la même consécration qu'en 1852, et par les mêmes moyens, et, recommençant la parodie d'un vote universel et le mensonge d'une sanction populaire, se faire solennellement rebaptiser et revacciner; renouveler sa provision de grâce de Dieu et de volonté nationale; redorer son sceptre et retaper sa couronne; repriser sa pourpre, avec du fil blanc ; et recaler son trône, avec des bulletins; reconstruire tout son système de fortifications légales, et se faire un beau rempart de 7,500,000 suffrages. Il oublie qu'il n'est que déguisé ; il ne voit pas que l'adhésion de 70 détruit celle de 52 ; qu'elle s'adresse à l'Empire cru libéral, et qu'il est toujours l'Empire autoritaire, et que les *oui* dissimuleront mal un redoutable sousentendu ! Car dans la pensée des pauvres dupes à qui on les arrachera, ces *oui* ne seront qu'une adhésion à condition, et sous bénéfice d'inventaire ; ils signifieront : Oui, nous voulons la liberté ! et comme l'Empire ne peut pas la donner, nous verrons bientôt les *oui* changés en *non ;* et les amis trompés ne pardonneront pas, et deviendront des irréconciliables ; et le locataire des Tuileries n'aura renouvelé son bail qu'à très-courte échéance.

Il est facile de voir, par ce qui précède, que l'intention du plébiscite n'est pas absolument pure ; que la pensée qui l'a inspiré, n'est pas précisément désintéressée, et que le bonheur de la France n'est pas l'unique but qu'on s'y propose, ni même la préoccupation dominante de l'ingénieux rédacteur. J'avoue, avec douleur, que je ne vois pas d'autre manière d'interpréter l'intention du plébiscite, et si évidente que soit cette interprétation, je ne pourrais même me résoudre à l'adopter, si elle n'était confirmée par d'irrécusables témoignages : celui de l'auteur d'abord, lequel déclare, en sa proclamation, qu'il est bon et expédient de voter *oui*, « pour rendre facile, dans l'avenir, la transmission de sa couronne à son fils ; » le second témoignage est celui du Benjamin (Constant), du second Empire, qui prétend, de son côté, avec une candeur rare même dans un ministère d'honnêtes gens, que s'il faut voter *oui*, c'est bien en effet afin que « sur le trône...«

enfin la fameuse phrase que vous savez, phrase deve-
nue classique, en naissant, et gravée, dès à présent,
dans la mémoire de tous les vrais amis de la gaieté
française.

Mais quand même l'intention du plébiscite serait
honnête, son origine régulière, sa procédure correcte,
son texte clair, et son objet, (le sénaltus-consulte),
vraiment libéral, quand même le chef de l'Exécutif
aurait le droit de poser des questions à la nation, je
prétends que jamais, au grand jamais, ni lui ni personne, ne saurait avoir le droit de lui poser celle-ci :
Me voulez-vous pour roi ? Ni même celle-ci : Voulez-
vous un roi ? Par la raison que la souveraineté est
inaliénable par sa nature, et ne peut s'abdiquer elle-
même, ce qui impliquerait contradiction ; à plus
forte raison, une génération n'a-t-elle pas le droit d'a-
liéner la souveraineté des générations suivantes; la
souveraineté nationale est antérieure et supérieure
à tout, et ne peut jamais être mise en question ; le
suffrage universel, fût-il compétent sur toute autre
question, ce qui n'est pas, resterait incompétent sur
celle-là ; il ne peut se nier lui-même, ni faire, contre
sa propre souveraineté, un acte souverain qui serait
nécessairement le dernier ; il ne peut fonder une
monarchie, même élective, ni une présidence, ni une
aristocratie, ni une autorité quelconque, préjudi-
ciant à la sienne et pouvant la suspendre, ne fût-ce
qu'une minute; il ne peut, par conséquent, substituer
un homme souverain au peuple souverain ; il ne peut
affirmer sa puissance par le sacrifice de sa puissance,
ni son existence par un suicide. Poser à un peuple

la question de sa souveraineté, c'est donc se moquer de lui ; c'est lui faire une question absurde et impertinente, une question que personne n'a le droit de faire, et à laquelle personne n'a le devoir de répondre, si ce n'est par la plus énergique des protestations. Le peuple, ainsi outragé, ne discute pas son outrage ; il se contente d'écarter, d'un geste, la question et le questionneur.

Par son premier coup d'Etat, l'empire s'est placé hors de la nation ; qu'il y reste ! Il essaie de rentrer dans la nation par un guet-apens électoral ; ne le permettons pas ! Il médite de se faire une légitimité de meilleur aloi, et comme il n'en a jamais eu, sans massacre, sans état de siége, sans loi martiale, rien qu'avec sa loi électorale ; sans la force, rien qu'avec la fraude ; sans le sabre des généraux, rien qu'avec la poigne des préfets ; une légitimité honnête relativement, avec un gouvernement honnête par comparaison ; à seule fin de faire prendre patience aux bonnes gens, et de les ramener tout doucement au bercail autoritaire, et de conserver l'ordre accoutumé, sans en avoir l'air : C'est cela qu'il faut empêcher !

Ce plébiscite enfariné ne me dit rien qui vaille ; qui sait si la bête scélérate ne s'est pas ainsi grimée et suspendue, pour mieux nous attraper, en retombant sur ses pattes ? Tout ce décor plébiscitaire m'est suspect, et je voudrais savoir ce qu'il y a derrière ; je n'aime pas ce grand sphinx, planté là, devant nous, et qui a l'air de nous dire : « Devine, si tu peux ; et choisis, si tu l'oses. » — Je choisis de ne pas choisir,

et je tourne le dos au grand sphinx ; et s'il ajoute,
comme c'est la coutume des sphinx : « Devine ou je
te dévore. » Je lui ferai bien voir qu'il ne me plaît pas
d'être dévoré, et qu'il m'ennuie avec ses questions.

Plébiscite, que me veux-tu ? M'apportes-tu la sup-
pression de l'armée permanente, de l'administration
centralisée, de la magistrature inamovible et du
clergé salarié? Apportes-tu la fin des grèves, ou la
grève de la fin qui emportera l'effet avec la cause?
Apportes-tu la fin de la grande exploitation religieuse
politique et sociale ?

Apportes-tu seulement l'instruction gratuite et
obligatoire, la liberté de l'enseignement, l'élection
des fonctionnaires et la responsabilité des agents du
pouvoir? Apportes-tu le droit du travail et l'égalité
sociale? Apportes-tu au moins une loi électorale,
une dissolution de la Chambre, et au lieu de ta Constitution pour rire, une Constituante pour tout de bon?
Non? Alors qu'est-ce que tu viens faire ? Plébiscite
menteur, tu promets la liberté, et tu ne peux donner
que le despotisme? Plébiscite jésuite, tu es obscur
comme un prophète, et mystérieux comme le Saint-
Esprit; tu es amphigourique comme l'Apocalypse, et
arriéré comme le Syllabus ; tu espères escobarder
nos votes et les interpréter pieusement, à l'aide de la
restriction mentale et de la direction d'intention,
pour la plus grande gloire de ton seigneur et maître.
Plébiscite insolent, qui oses parler d'abdication, (de la
nôtre bien-entendu); comment as-tu le front de te
présenter devant une nation qui se respecte ? Plébis-

cité césarien, je ne te connais pas ! Ote-toi de nos yeux, plébiscite de malheur ; retourne à celui qui t'envoie ; ou si tu veux à tout prix faire ton chemin dans le monde, cherche, sur d'autres bords, un peuple en enfance ou en décadence, assez simple pour croire à ton Empire libéral, ou assez corrompu pour s'y plaire ; un peuple assez vil pour vouloir un maître !

Voulons-nous être des citoyens ou des sujets ? Si nous voulons être libres demain, conduisons-nous comme si nous l'étions aujourd'hui ; on n'a que les libertés qu'on prend : l'expérience l'a cent fois démontré ; cent fois, elle nous a appris que toute liberté est une conquête de glorieux soulèvement, et non pas un don de joyeux avénement.

C'est là une des redites de l'histoire ; voilà ce qu'on lit à chaque page du long martyrologe des peuples ; voilà ce que nous crient d'une seule voie les victimes et les bourreaux de tous les temps ; voilà ce qu'on entend dans les prisons cellulaires et dans les ministères constitutionnels. C'est là une vérité de méthode baconienne et de politique expérimentale, comme les aime le Nélaton du césarisme malade.

Nous savons cela, et nous nous amusons à la bagatelle d'un plébiscite ; nous nous abaissons à dialoguer avec l'Empire ; nous commentons le délire de son agonie ; nous répondons sérieusement à ses questions ; nous allons gravement à ses rendez-vous ; nous tombons innocemment dans ses piéges, et nous jouons, fidèlement, son jeu, comme des compères ; sa rouerie

parfois inventé des spectacles pour notre badauderie,
et nous y courons !

    « Hélas! quand nos Français, si souvent redressés,
    » Prendront-ils donc enfin des airs de gens sensés? »

Laissons donc ce moribond se retourner sur son lit
de douleur ; laissons-le s'envelopper chaudement dans
les plis de sa dernière Constitution; laissons-le légi-
férer, décréter, plébisciter et râler, et occupons-nous
enfin de nos affaires. Parlons librement, pour res-
taurer la liberté de parler ; écrivons librement, pour
retrouver la liberté d'écrire ; agissons librement, pour
reconquérir la liberté d'agir. Pratiquons la liberté
comme un devoir, avant de l'exercer comme un droit.
Abandonnons à son malheureux sort celui qui nous
l'avait ravie ; ne nous laissons pas distraire par les
dernières péripéties de sa sanglante fortune ; qu'il
soit devant nos yeux, comme s'il n'était pas ; qu'il
reste seul, entre l'ombre d'un ministre autoritaire et
le fantôme d'un ministre parlementaire ; mais surtout
n'allons pas perdre notre temps à discuter des sé-
natus-consultes, et des constitutions monarchiques.

Je ne trouve pas mauvais que le Sénat s'amuse; que
ces pauvres vieux occupent leurs doigts tremblants
à repriser la Rédingote grise, et à faire de la tapisse-
rie impériale; mais il ne faut pas les imiter. La vieil-
lesse a ses jeux, comme l'enfance ; l'âge viril a
d'autres soins ; sachons les accepter.

Semblable à ces empereurs romains qui envoyaient
à leurs ennemis l'ordre de s'ouvrir les veines, l'em-

pereur des Français invite au suicide son ennemi, le
suffrage universel. Il ne faut pas que celui-ci obéisse,
comme un simple sénateur. Il faut que la nation en-
tière proteste contre cet injurieux plébiscite, et contre ce téméraire vieillard qui ose interroger le souverain, et essaie de lui capter sa souveraineté. Le plébiscite ayant tout remis en question, cet homme n'est
plus, aux termes de sa loi, qu'un candidat à l'Empire,
tout au plus un empereur provisoire. Que l'électeur
juge cette situation, qu'il sente sa force et qu'il s'en
serve ; qu'il se rassemble de tous les points de la
France comme un immense meeting d'indignation !
que chacun proteste à sa manière, pourvu qu'il proteste ! Nous admettons, pour notre part, comme pouvant servir l'action commune, toutes les formes de
protestation, depuis les plus faibles jusqu'aux plus
énergiques ; mais nous préférons les dernières ; et entre les trois sortes de bulletins d'opposition, nous choi-
sissons le bulletin inconstitutionnel portant le mot :
« RÉPUBLIQUE. »

*Paris 28 avril 1870.*

A. ROGEARD.